CE QUE C'EST

QUE

LA RÉPUBLIQUE

PARIS. — IMP. JULES LE CLERE ET Cie, RUE CASSETTE, 29.

CE QUE C'EST

QUE

LA RÉPUBLIQUE

Par PH. SERRET,

Rédacteur de l'Univers.

PARIS

LIBRAIRIE CATHOLIQUE DE L'UNIVERS

TH. OLMER

16, RUE DES SAINTS-PÈRES, 16.

—

1874

AVANT-PROPOS

Cette brochure est simplement la reproduction de quelques articles qui ont paru dans l'*Univers*. Je les ai réunis par la raison qu'ils se font naturellement suite, et présentent, bien qu'écrits à bâtons rompus, une certaine unité de vue.

Le journal se prête peu aux travaux suivis. Il combat plus qu'il n'expose, il est l'action plutôt que la méditation et l'étude. Son élément est la lutte, c'est-à-dire l'accident, les brusques changements d'aspect, l'imprévu tous les jours, comme dans les guerres de partisans. L'espace et le temps sont refusés au journaliste ; pour enseigner, pour convaincre, il n'a que des minutes et quelques coups de plume. Le journaliste est bien moins le docteur que le chevalier de la vérité ou de la doctrine qu'il sert. Tout ce qu'il peut faire est d'en tracer, à l'occasion, une ébauche haute en couleur qui se détache vigoureusement et se voie à distance.

Cette soudaineté de production de la presse guerroyante ne laisse pas d'avoir un côté utile. L'écrivain, contraint à faire vite, se trouve réduit à l'heureuse nécessité d'aller au but sans ambages et de toucher juste.

Peu ou pas d'accessoires; il n'y a place que pour le
nécessaire, pour l'essentiel le plus réduit et le plus
simplifié. La simplification est la mortelle ennemie
du faux. Rien de redoutable comme la vérité dénudée,
la vérité à vif. On ne peut toujours rompre et éluder
les rencontres; l'erreur, un jour ou l'autre, s'y blesse.
A ce point de vue, qui est le vrai, la presse croyante
rend d'incontestables services.

Mais presque rien ne demeure de ces duels de
plume, de ces vives escarmouches, de ces rapides
éruptions d'idées, de cette grêle de mots barbelés, fléau
des faux grands hommes et des sottises triomphantes.
Le jour qui se lève dévore la bluette, l'étincelante
moquerie et jusqu'aux pensées graves de la veille. Et
pourtant, on voudrait plus d'une fois fixer le mot qui
passe, retenir l'éclair qui traverse l'horizon et l'illu-
mine. On tente de colliger quelques-unes de ces
feuilles d'un jour. Effort perdu : d'autres collections
s'accumulent qui chassent les premières. L'espace est
si parcimonieusement mesuré dans les alvéoles de
plâtre où la civilisation nous enferme! On n'y peut
décemment amonceler des piles de journaux et obliger
les visiteurs à enjamber des Alpes de papier.

Il y aurait, pensons-nous, utilité à faire une sélec-
tion. Un article ou une série d'articles touche avec
vigueur un point essentiel. Il y a là cette rudesse, cet
inachèvement, cette absence du détail et du fini de la
forme qui rend fortement le plus gros d'une vérité

sociale ou philosophique. Le gros du vrai, c'est ce qui frappe, ce qui se garde et se vulgarise. Une démonstration ébauchée à coups hardis s'inculque promptement par la grossièreté même des reliefs et l'impression en peut être durable. Pourquoi ne disputerait-on pas un moment à l'oubli quelques-unes de ces pages hâtives, s'il en sort une énergie qui se communique aux âmes, un mot vengeur, une de ces lumineuses flèches qui percent un sophisme dépravateur et le tuent? La reproduction en brochures est le moyen qui s'offre naturellement. La brochure est incomparablement moins encombrante que le journal et moins envahissante de l'espace. Nous tournons dans un cercle, sous prétexte de progrès continu ; les mêmes questions reviennent mettant le feu aux mêmes passions et suscitant les mêmes controverses. On est pris du désir de revoir un ancien article de journal qui a laissé une fugitive trace dans le souvenir et jeté en passant des clartés sur une polémique semblable. L'article est introuvable, évanoui comme les neiges d'*antan*. Il est plus aisé de conserver et de retrouver la brochure. Une collection de ces opuscules ne serait certes rien moins qu'une encyclopédie. On trouverait là non des thèses d'école, mais des aperçus rapides, non l'étalage et l'ampleur des théories, mais l'acuïté du raisonnement. On aurait sous la main toute une panoplie d'armes légères pour les combats sans cesse renaissants de la vérité et du mensonge. Ajoutons qu'il n'y a que le vrai qui surnage ; un article purement insulteur n'a pas de lendemain. Une diatribe, une manœuvre traîtreuse de presse, destinée à égarer l'opinion, n'a qu'un moment et ne brave pas la seconde lecture. D'instinct, ces tristes produits se dérobent et rentrent dans la nuit. Les collections de brochures sauveraient presque uniquement des pages convaincues, ferventes et méritant mieux que de rouler à la fosse commune.

C'est la pensée qui m'a déterminé à reproduire ici trois articles déjà publiés dans l'*Univers*. L'opuscule est d'importance plus que modeste et ne peut aspirer qu'à un succès de bienveillance. Tout mon but a été d'indiquer une voie, de poser, comme on dit, une planche. D'autres y passeront, j'en ai l'espoir, plus armés de l'autorité du nom et de l'éclat du style.

Paris, 5 décembre 1873.

CE QUE C'EST

QUE

LA RÉPUBLIQUE

Dans la république, comme en toute chose, il y a à considérer le fond et la forme. Le fond est ce républicanisme radical des « nouvelles couches » qui tend au solide, au substantiel ; sa visée, gazée à peine, est de partager avec qui possède, ou, plus simplement, d'évincer les possesseurs. Les républicains de pure forme éludent de se prononcer sur la question sociale et se réservent en ce qui touche le capital et le problème agraire. Ils se contentent de revendiquer l'établissement définitif de l'institution, laquelle se résume à tout remettre à l'omnipotent arbitrage du nombre. Au reste, la forme ne va pas sans le fond et le fond sans la forme. Ce fond produit naturellement et inévitablement cette forme; cette forme déploie et réalise ce fond, mais un jeu subtil de l'esprit peut, à la rigueur, les dédoubler artificiellement. C'est à quoi le parti de la révolution s'ingénie à cette heure avec toutes sortes de précautions, de circonlocutions et de prétéritions oratoires. On a beaucoup cité un mot d'ordre de M. Thiers : Ne pas effrayer les centres. Les centres sont le point où se rencontrent les deux poltronneries qui troublent les cœurs et flétrissent les consciences en ce temps misérable. Dans ce milieu, on a grand'peur de la révolution conséquente qui va cyniquement à son but, et l'on n'a pas un moindre effroi de la contre-révolution et des vrais principes d'ordre. Ces transis assiégés de toutes les paniques sont le point de mire des deux partis. Ces trembleurs tiennent dans leurs mains la destinée; nulle issue possible, pas de majorité dans l'un ou l'autre sens, s'ils n'y portent l'appoint de leurs votes effarés. On conçoit la stratégie de M. Thiers : Ne pas effrayer les centres. L'impresario avait disposé, dit-on, que les violents ne donneraient point dans le débat de la prorogation des pouvoirs présidentiels. On devait distraire les timides des réalités de la république effective et de son cortége de massacres et de pétrole; on allait dérouler des horizons spéculatifs; il n'y aurait qu'une question posée en toute innocence : affirmer l'existence et sauver la forme de la république.

Soit; prêtons les mains, si l'on veut, à ce jeu d'enfant; raisonnons sur la forme républicaine, sur la forme toute seule, comme s'il était possible de la séparer du fond des choses et de la faire fonctionner dans le vide. Faisons abstraction des masses passionnées, détournons notre pensée de cet amas d'éléments inflammables où la république met le feu infailliblement; rien que la forme de l'institution républicaine, sa forme réduite à elle-même, est le plus détestable, le plus oppressif des systèmes politiques connus. La république foule aux pieds toute liberté chère à l'homme et mutile impitoyablement ses facultés. La république demande au citoyen toutes les immolations; en échange, elle lui donne l'insécurité, toutes les tyrannies et toutes les déceptions. La liberté républicaine, mensonge,

égalité républicaine, paradoxe impudent. Cette
galité consiste à retourner l'échelle, à porter au
ommet l'effronterie et le parasitisme, à réduire à
état d'ilotes la population morale, utile, vouée
ux labeurs nourriciers.

L'Université, depuis bientôt cent ans, amuse les
énérations en herbe avec le roman des répu-
liques de l'antiquité, où l'idylle s'allie agréable-
ent aux fables héroïques. Le trompe-l'œil est
'une grossièreté qui stupéfie. Ces cités modèles
taient fondées sur un abominable mépris de
homme et sur l'asservissement du grand nombre.
Pour l'antiquité grecque et romaine, les institu-
ions de la république se résumaient dans l'omni-
otence d'une minorité, seule en possession des
droits politiques et des plus simples droits de l'hu-
manité. La masse des habitants était esclave ou
sujette, deux conditions qui ne différaient que par
des nuances. Cette façon d'aristocratie était plus
restreinte à Lacédémone, plus étendue et d'appa-
rence plus populaire à Athènes, où elle confinait
de près à la *voyoucratie*. Dans la brillante Athènes,
le pur archétype des cités démocratiques, la minorité gouvernante s'appelait le peuple. C'était un

peuple de convention ; il se réduisait à quelques milliers de citoyens oisifs, *dilettanti* de la politique, trafiquant de leurs votes, passant leur vie à l'Agora à applaudir ou à *chuter* les orateurs qui briguaient leurs mobiles suffrages. La république nourrissait cette nuée de flâneurs ; la sueur des esclaves ou le butin fait à la guerre nourrissait la république.

A Rome l'égalité républicaine ne fut pas moins illusoire. Le peuple romain est appelé le peuple-roi. Il n'est pas de contre-vérité plus impertinente. L'exercice des droits politiques (droit de suffrage et d'admissibilité aux magistratures) était limité aux habitants de la ville et de la banlieue de Rome. Jusqu'à la Guerre sociale les Italiens n'y eurent aucune participation. Quant aux habitants des provinces, Gaulois, Espagnols, Africains, etc., le droit de cité ne leur était communiqué à aucun degré. On les désignait sous le qualificatif méprisant de *peregrini*. Les *peregrini* n'étaient point citoyens. Tout leur droit se réduisait à payer l'impôt en argent et en nature. Ils étaient la matière humaine exploitée et pressurée. L'agent du fisc leur appliquait libéralement la torture, pour peu qu'une déclaration des facultés imposables ne lui parût

pas suffisamment explicite. Et l'habitant des provinces n'était pas libéré quand il avait acquitté le
cens, les tributs, la capitation; sous forme de ré-
quisition et de corvées publiques de toute nature,
il lui restait à pourvoir à des services administratifs
sans nombre, qui sont à la charge de l'Etat dans
les gouvernements modernes. L'État, dans les
sociétés chrétiennes, restitue l'impôt aux contri-
buables en rétribuant directement lui-même les
divers services administratifs ou en exécutant de
vastes travaux d'utilité commune. La fiscalité
romaine suçait jusqu'aux moelles les populations
provinciales; elle épuisait sans cesse, prenait toujours et ne rendait rien. L'exaction fiscale était
l'unique lien qui rattachât les *peregrini* à la république; la province saturait la canaille souveraine
de Rome; sa fonction dans l'État était de gorger
de sa substance ce formidable parasite. Telle était
l'égalité républicaine antique : une minorité figu-
rant le peuple souverain, superposée aux masses
humaines qu'elle dégradait et qu'elle dévorait.

Les comices, le forum, les motions audacieuses
des tribuns, tout ce qu'on appelle du nom sonore
de liberté, était le privilége de la ville éternelle. Ces

splendeurs étaient cruellement achetées. La République, en faisant rapidement déborder l'élément plébéien, avait répandu un droit nouveau, un droit révolutionnaire, destructeur des antiques mœurs, profanateur de l'ordre domestique et de la sainteté du foyer. Les prolétaires dominaient sans contre-poids dans les comices plébiscitaires où l'on votait par tête (*viritim*) et où la loi brutale du nombre ne connaissait pas d'obstacle. Des citoyens sans patrimoine réformaient et démocratisaient le droit de tester. Des individus sans domicile et sans famille légiféraient sur le mariage et le divorce. Cette antiquité ne semble pas si lointaine ; ces subversions portent la pensée sur des actualités brûlantes. N'avons-nous pas, dans mainte cité du Midi, des conseils électifs où une poignée de vagabonds, sans feu ni lieu, administrent les intérêts d'une population propriétaire et sédentaire ; où d'ineptes entrepreneurs d'enterrements civils imposent le pédagogue athée aux enfants des familles chrétiennes ? Les affinités abondent ; on voudra bien nous pardonner d'avoir passé par Athènes et par Rome pour arriver aux calamités contemporaines. Essayons à présent de retracer ce que la forme répu-

licaine porte inévitablement avec soi de ravage
ans les mœurs et d'oppression dans le droit privé
es familles.

II

La république est par nature ennemie de la fa-
ille et des vertus du foyer. Le mur de la vie
rivée l'offusque, l'autorité des pères lui fait om-
rage. Cette magistrature naturelle, qu'elle n'a
oint créée, qui ne procède pas d'une délégation de
État, lui déplaît comme une sorte d'usurpation
es pouvoirs publics. Il est dans les allures de la
épublique de faire effraction dans ce for intime
our saper la puissance paternelle et délier l'enfant
es superstitions filiales. Ce fait est général ; on le
etrouve avec une frappante identité dans les Etats
émocratiques anciens et modernes. A Rome, le
rincipal et le plus persistant ouvrage des lois ré-
ublicaines fut de démolir la famille. Il a existé
eux droits à Rome, un droit primitif quasi pa-
riarcal, et un droit nouveau qui naquit et grandit

au souffle des passions révolutionnaires, et dont l'effort fut tendu sans trêve à ruiner les mœurs et les coutumes antiques. Nous ne connaissons avec quelque certitude que le droit romain révolutionnaire, le seul qu'on enseigne dans les Facultés et dont l'esprit ait pénétré nos codes. Du vieux Droit coutumier, quelques débris gisent dans l'histoire, ruines grandioses où se révèlent le caractère de haute moralité de la primitive société romaine.

Un trait, entre tous, accuse la forte constitution de la famille : le fils était héritier nécessaire, il n'avait point la liberté de renoncer à la succession du père. Hériter n'était pas un droit simplement, c'était un devoir de révérence filiale. La dette du père était indéclinable ; la loi ne permettait pas à l'enfant de se dégager en répudiant l'héritage. Cette règle austère, qui liait indissolublement les générations, a survécu dans le droit politique moderne. C'est le principe qui rend inviolable la dette publique.

L'obligation nationalement contractée par les aïeux passe aux descendants ; la dette des pères est la dette sacrée de la patrie. Le patrimoine était sacré ; le conserver était une obligation d'honneur et une obligation juridique. Il est remarquable l'on pouvait, sans encourir aucune flétrissure, dissiper les biens qu'on aurait acquis personnellement par son industrie ou par suite des libéralités d'un étranger ou d'un parent maternel. Il en était autrement du patrimoine, c'est-à-dire des biens recueillis dans la succession du père. Quiconque dissipait l'héritage paternel était déclaré prodigue par sentence du juge, sentence infamante et qui entraînait des déchéances civiles, notamment la privation du droit de tester et de figurer comme témoin dans les testaments. Le droit de tester était entier dans les mains du père, de même que le droit de déshériter l'enfant indigne. Le testateur était seul juge de l'indignité ; le magistrat civil n'avait point à s'immiscer dans le secret de ses griefs. Le chef de famille n'était pas tenu d'articuler la cause de l'exhérédation ; il suffisait qu'il écrivît dans son testament cette brève formule : *Seius, filius meus, exhæres esto.* La coutume respectait ce silence douloureux ; elle ne demandait pas au père la divulgation des hontes ou des déchirements domestiques. Le mariage, consacré par les rites religieux, était indissoluble. La dot n'était d'aucune considération. Dotée ou non, l'épouse partageait le rang et la condition de son mari. Devenue veuve, elle héritait de lui comme eût fait une fille, et dans la même proportion. Le veuvage ne lui rendait pas d'ailleurs la libre disposition de ses biens et d'elle-même; la veuve restait sous la tutelle perpétuelle des agnats ou parents paternels du mari. Ces fières matrones des siècles poétiques de Rome étaient entourées d'honneur et de respect; elles n'étaient point indépendantes. Il n'était pas question d'émanciper la femme et de la doter des libertés masculines; l'antique sagesse aimait mieux lui conserver sa grâce et sa vraie grandeur.

Telle était, dans sa simplicité et sa majesté, la structure de la primitive famille romaine. On sait ce que les lois de la République y portèrent de ravages et de souillures. Il fut permis au fils de répudier la succession obérée d'un ascendant; cette désertion des obligations du père et du culte de sa mémoire, jadis considérée comme un acte impie, devint chose licite. Le droit de tester fut atteint profondément et rendu presque illusoire. Le juge rechercha et contrôla les motifs de l'exhérédation; l'honneur des familles fut mis en pièces, livré à la brutale publicité des débats d'audience. Si un enfant était déshérité sans raison approuvée ou connue du juge, le testament était annulé. On inventa, pour le besoin de la cause, une présomption d'insanité ; il passa en règle qu'un père qui exhérédait son fils sans dire pourquoi, n'était pas sain d'esprit, ce qui entraînait l'incapacité de tester et la nullité de la disposition. La puissance paternelle n'était plus qu'un mot. L'union conjugale fut profanée : la dissolution des mœurs fit fleurir le régime dotal. Les filles nubiles eurent une action en justice pour obliger leur père à les doter. Ces douces vierges, traduisant leur père devant les tribunaux et lui réclamant une dot sur la simple allégation de leur état de nubilité, donnent une idée de la pudeur républicaine. La femme dotée ne tombait point en puissance de mari, *in manu mariti* ; elle entrait au logis sur un certain pied d'indépendance et d'égalité ; elle restait propriétaire de sa dot, qui devait lui être restituée en cas de divorce. La dot s'accommodait mal du mariage religieux et indissoluble. La religion cessa de présider aux noces ; l'union matrimoniale ne fut plus qu'un contrat civil, se distinguant du concubinage par une nuance à peine saisissable, résoluble à volonté, comme un vulgaire louage. Les divorces débordèrent, les épouses devinrent l'objet d'un odieux trafic d'amour ou d'argent. Ces mutations ignobles de femmes et de maris, ces marchés où l'on achetait l'épouse ou le gendre d'un autre, remplissent la chronique de la hideuse famille d'Auguste; ce perpétuel croisement d'adultères et de divorces rend inextricable la généalogie des premiers Césars. De l'antique société romaine, la république avait fait ce cloaque.

Or, ce que nous appelons les doctrines socialistes fut de tout temps inconnu à Rome. Les lois agraires des Gracques ne ressemblaient en rien à ce que demandent les revendicateurs de la liquidation sociale. Il s'agissait d'un nouveau partage des terres publiques. Ces terres n'avaient été concédées que sous réserve, par l'Etat, de la faculté d'en opérer le retrait. On a justement comparé les terres publiques, *ager publicus*, aux domaines engagés de l'ancienne monarchie, toujours reversibles à l'Etat à la condition de désintéresser les possesseurs. Les lois agraires inquiétaient des habitudes séculaires; en somme, et au point de vue de la légalité stricte, on pouvait soutenir qu'elles n'attentaient pas au

droit de propriété. Le monde romain n'était pas
travaillé de l'idée socialiste. La république a suffi à
consommer la ruine de cette société. Par le jeu na-
turel de ses institutions, par l'exhaussement continu
des couches plébéiennes, par l'invasion débordante
du prolétariat dans les comices, elle a tout démoli
et tout emporté. La forme républicaine a fait, à
coups de plébiscites, toutes ces dégradations et
toutes ces ruines.

III

La monarchie répond à l'idée d'un gouvernement tutélaire tourné à la protection des droits
privés. Le peuple, dans sa totalité redoutable, y est
moins en vue que dans les Etats démocratiques; le
droit de tous s'y présente simplement comme la
réunion des droits des particuliers. Le gouvernement républicain est, par essence, contempteur des
intérêts privés; pour la république, il n'y a d'inviolable que la république. La république est censée

l'incarnation du peuple; elle a dans la main cette formidable massue du droit de tous. Que pèse la vie ou la propriété d'un individu, si on les met en balance avec le bloc énorme des droits vrais ou fictifs du peuple ? La république vit sur une antithèse insensée : le droit sans borne de la totalité des citoyens opposé au droit infini des particuliers qu'il écrase et réduit à néant. Or, qu'est-ce que le peuple, sinon la réunion de ces particuliers, de ces atomes humains ? Ainsi le peuple, souverain en masse, est esclave en détail, esclave de son propre despotisme. Et quel despotisme! Contre l'omnipotence du peuple, il n'y a pas de recours; au-dessus d'elle, il n'y a pas de loi, pas dé raison divine ou humaine qui la limite. Les sophistes enseignent à la multitude qu'elle peut se passer d'avoir raison. Le tout est souverain; les individus dont est formée la collectivité sont réduits au plus misérable ilotisme. Cependant il n'y a que les individus qui existent réellement; la nation ou la cité, si on prétend l'abstraire des individualités vivantes, n'est qu'une conception de l'esprit, on peut dire qu'elle n'est qu'un mot. En république, l'asservissement de chacun est la réalité, la souveraineté de tous est la chimère. Mais cette souveraineté populaire, mot vide, fiction dérisoire pour le peuple, n'est pas moins un formidable outil de dictature aux mains d'un homme ou d'une poignée d'hommes. Armée de ce levier, la république ose tout; elle proscrit, confisque, égorge vertueusement au nom de la souveraineté du peuple mise en danger tous les jours par les conspirateurs. Il n'y a pas de contradiction qui puisse se produire. Les proscrits, les guillotinés ne sont-ils pas désignés comme ennemis du peuple; ne sont-ils pas immolés solennellement, pontificalement, pourrait-on dire, de par le droit du peuple de veiller à son propre salut? On conçoit que le peuple se plaigne au roi des abus du gouvernement du roi; la nation, dans l'état monarchique, a un droit incontesté et distinct du droit royal, le droit d'être gouvernée avec respect, et en vue de son plus grand bien. En république, le peuple immolé n'a pas d'objections à faire au peuple immolateur. La nation peut-elle se faire le procès à elle-même? Y a-t-il un remède à la tyrannie lorsqu'on est soi-même le tyran de soi-même? La souveraineté du peuple équivaut à la négation radicale du droit des peuples.

Il n'y a rien de spéculatif, rien qui ressemble à
un jeu d'esprit dans cet aperçu des servitudes du
peuple souverain; il n'y a que les déductions les
plus immédiates et les plus inévitables du principe
républicain. La terrible éloquence des faits d'ailleurs parle plus haut que le raisonnement. Il suffit
de voir à l'œuvre les pouvoirs révolutionnaires
L'histoire montre comme ils taillent et comme
ils tranchent. Les tyrannies des princes ne son
qu'idylles et bergeries à côté. Les pouvoirs éma-
nés du peuple ont, pour détruire, des audaces e
des énergies de Titans. L'opposition, le mur-
mure des consciences, tout ce qui constitue la
force résistante et réagissante de l'opinion, es
supprimé par eux. Ils imposent toutes les con
traintes sans rencontrer d'obstacle. Ils décrèten
tous les sacrifices sans rémunération et sans com
pensation. Il leur suffit de quelques traits de plum
pour déraciner des institutions douze fois sécu
laires, pour arracher une nation de sa base et l
lancer hors de l'orbite de ses croyances et de se
traditions. La Constituante de 89 retira à l'Egli
et remit aux municipalités le dépôt des archive
des familles. Les actes où étaient consignés les ba

êmes, la bénédiction des époux, les sépultures
chrétiennes cessèrent d'avoir aucune authenticité
et gardèrent à peine la valeur d'un témoignage
privé. Le mariage ne fut plus qu'un contrat pro-
fane; l'empreinte religieuse fut effacée des nais-
sances et des funérailles, Dieu fut banni de la généalogie et de la constitution de la famille, comme
il le fut de la constitution de l'Etat. Tout une nation catholique fut expropriée de sa foi; ses plus
vivantes, ses plus sensibles, ses plus chères attaches
religieuses furent tranchées d'un seul coup. Et cette
énormité s'opéra sans encombre, sans soulever de
conflit : quelques articles de loi firent l'affaire.

Peu après, la révolution faisait sortir, de la sé-
cularisation du mariage, sa conséquence naturelle.
La jeune république, à peine éclose dans le sang
des tueries de septembre, fêtait son joyeux avéne-
ment en décrétant le divorce. Cette turpitude répu-
gnait invinciblement à nos mœurs nationales : la
loi brava les mœurs. Elle ajouta la contrainte à la
bravade. Le même décret qui inaugurait l'institution païenne du divorce ferma le refuge de la séparation de corps aux époux qui n'avaient trouvé
dans le mariage que la trahison, l'outrage, tous les

déchirements et toutes les flétrissures du cœur. L'Eglise autorisait la séparation, qui respecte l'indissolubilité de l'union conjugale et laisse la porte ouverte au repentir et au pardon. La république supprima la séparation. La femme chrétienne dut subir, sans espoir de délivrance, les injures, les sévices et les adultères de son mari. Le droit de légitime défense de sa personne et de son honneur lui était dénié; la loi ne lui offrait d'autre ressource que de renier sa foi en recourant au divorce. L'instinct d'oppression éclate à chaque trait dans ses décrets liberticides.

La révolution, au nom de la souveraineté du peuple, porta un coup irréparable, un coup mortel au droit d'association. Elle dispersa les familles monastiques; elle détruisit les corps de métiers sans une ombre de discussion, par un décret impromptu, indélibéré, voté avec une rapidité qui tenait du délire. Toute agrégation naturelle, toute collectivité vivante, légitime, féconde, fut condamnée à périr. Les libertés dont nous a fait présent la révolution, liberté des clubs, liberté de la presse, ont été des libertés meurtrières qui compriment, loin de les dilater, les facultés humaines et les droits de la conscience. On a dit de la presse qu'elle guérit les blessures qu'elle fait. La presse, dit-on, c'est la discussion ample et libre; la discussion tourne en définitive à l'avantage de la vérité. On sait trop ce que valent ces lieux communs hypocrites. La presse du désordre est fermée à toute discussion loyale; elle parle aux passions, non à l'intelligence; elle n'est pas la lumière, elle est la torche. Un journal démagogue défigure outrageusement un fait de l'histoire ou parodie une vérité religieuse. Ouvre-t-il ses colonnes à la réplique? Accueille-t-il une réfutation péremptoire qui se produit? Il serait candide de compter sur tant de candeur. Demandez plutôt au *Siècle*. Il y aura quelque part, il est vrai, une riposte vengeresse, seulement l'article redresseur fait fausse route; il ne va pas au public qu'on égare et qu'on intoxique, il s'adresse à d'autres lecteurs qui n'en ont pas besoin. Pierre a bu le poison, c'est à Jacques qu'on fait prendre l'antidote. La presse « portant en soi le correctif de ses dangers » est une de ces tartuferies libérales qui devraient être usées, si le faux n'était pas immuable dans notre malheureux pays. Simplement, la liberté de la presse est l'égorgement de la vérité et de la libre discussion.

La république enfin est tout entière contenue dans le dogme de la souveraineté du peuple ; la souveraineté du peuple s'exerce par le suffrage universel ; le suffrage universel est la violation flagrante du sens commun, l'immolation dernière de l'instinct conservateur et de la raison. L'autorité, à tous les degrés, est déléguée par une multitude incohérente, sans communication avec elle-même, sans une croyance ou une idée commune qui l'éclaire et lui donne quelque unité. Ce guide sans yeux dirige tout, juge tout sans recours. Son ignorance n'a pas de bornes, son incompétence est incommensurable ; c'est pourquoi on l'a fait l'arbitre de la destinée des nations. Le suffrage universel va directement contre son but : il prétend étendre également à tous le droit électoral ; en réalité, il supprime l'élection. Elire signifie faire un choix, un choix discuté et décidé en connaissance de cause. Il ne peut être question d'un choix raisonné pour les masses populaires ; la délibération est moralement et matériellement impossible. En fait, et par la nécessité des choses, ce sont quelques meneurs, quelques conciliabules d'intrigants ou d'hommes le parti qui font et qui imposent l'élection. L'honnête homme qui prétendrait prendre simplement conseil de sa conscience, n'a qu'à se croiser les bras. Un bulletin sensé, un vote à bonne adresse est d'avance un vote perdu.

Le suffrage universel serait une institution extravagante, alors même qu'on pourrait n'y voir qu'un simple jeu de hasard pouvant, avec des probabilités à peu près égales, tourner à mal ou tourner à bien. Il y aurait démence manifestement à remettre le sort de la chose publique à une semblable loterie. Mais il s'en faut que les solutions en bien ou en mal se balancent à chances égales. Fatalement, le suffrage populaire incline du côté du faux et de la subversion. Le nombre travaille, se résigne, donne d'éloquents exemples de patience et de courage dans le cercle des choses et des actions privées ; égaré sur le terrain de la politique, le nombre n'est plus qu'une incalculable force révolutionnaire. Les élections radicales sont un sujet d'épouvante, elles ne peuvent être un sujet d'étonnement pour qui interroge la nature humaine. Une élite infiniment restreinte de citoyens peut posséder à la fois l'énergie et la claire intelligence du devoir. La multitude

électorale n'a pas cette lucidité, elle est inconsé-
quente, mouvante, travaillée par des passions con-
tradictoires. Qu'on prenne le premier venu dans
ces foules : deux hommes se combattent dans cet
homme. Il y a en lui un conservateur, conservateur de son petit pécule et de l'outil qui fait subsis-
ter sa famille. Mais il y a en lui un mécontent ou,
ce qui est même chose, un révolutionnaire, ulcéré
des inégalités qui le dominent et l'humilient. Con-
sultez ces braves gens sur des points qui les touchent
dans la partie saine et pure de leurs affections,
faites-les voter sur ce qui intéresse la paix de leur
foyer, l'éducation et la moralisation de leurs enfants : il y a lieu de croire qu'ils répondront avec
sagesse et que la voix du nombre sera la voix même
de la conscience et de l'honnêteté. On n'interroge
pas le nombre, on ne le fait pas intervernir dans
ces questions, où il opinerait pacifiquement et
avec compétence. On l'entraîne sur le terrain des
questions politiques qui grisent, qui passionnent,
qui brûlent, et où il est livré sans préservatif aux
docteurs et aux doctrines de vertige. Dans cet ou-
vrier qui va au scrutin, le père de famille, l'homme
laborieux et paisible disparaît : il reste le révolu-

tionnaire. C'est le révolutionnaire qui vote. Le peuple ainsi use de son droit de suffrage contre lui-même, contre sa sécurité, contre l'ordre qui lui assurerait du travail et du pain. Le pays se donne une représentation à rebours ; la France catholique est censée représentée par des rhéteurs athées ; la France agricole et manufacturière est figurée au Parlement par des collectivistes et des diffamateurs du capital. Ce monstrueux désordre n'a qu'une issue : la destruction. Il n'importe ; la destruction est la carrière des hommes de marque du parti républicain ; le suffrage universel qui nous tue est l'arche sainte et redoutable de la République. La République vit de sacrifices ; elle est le droit contre lequel il n'y a pas de droit ; il lui appartient d'imposer tous les stoïcismes et tous les renoncements, tout, jusqu'au suicide national. On pourrait résumer d'un mot son fétichisme sauvage : Périsse la patrie, plutôt que la République !

à jeter des pierres dans le jardin du voisin, ou bien, s'il cultive le champ de ce dernier, c'est pour y faire pousser des ronces et des épines.

M. Eugène Veuillot mord parfois ses adversaires, il les pince, il les griffe et leur laisse sur la figure des marques ineffaçables. Pourquoi aussi n'aiment-ils pas la vérité? Pourquoi veulent-ils faire passer du noir pour du blanc? Pourquoi insultent-ils la vérité au profit de l'erreur? M. Eugène Veuillot n'en veut qu'aux hommes de mauvaise foi et de mauvaise volonté. Et comme ceux-ci sont nombreux de notre temps, il a certes beau jeu. Il faut bien un peu égratigner, conspuer et même souffleter les coryphées de la libre-pensée qui égratignent sans pitié, mordent et déchirent à belles dents la religion, la morale et la société. A bon chat bon rat! Heureusement ils ont trouvé à qui parler en la personne des Veuillot, qui se sont constitués les défenseurs et les vengeurs de la vérité outragée.

Ces deux valeureux champions se sont jetés au milieu de la mêlée littéraire avec cette idée bien arrêtée qu'ils recevraient des coups, mais avec cette idée mieux arrêtée encore qu'ils les rendraient au centuple. Il n'est jamais bon, en effet, de se laisser vaincre dans un combat : *Væ victis!* Battre ses ennemis, voilà le meilleur moyen de n'avoir rien à redouter d'eux. MM. Veuillot suivent à merveille cette excellente tactique : ils ne s'intimident point, ils essuient tranquillement des éclaboussures qui leur viennent des encriers boueux de la libre-pensée.

Puis, tout à coup, au moment où l'on y pense le moins, ils lancent au visage de leurs adversaires un déluge de ces petits points noirs qui font tache et demeurent pour toujours. Quelques-uns de nos grands hommes d'aujourd'hui en savent quelque chose. Demandez plutôt à messieurs tels et tels s'ils se souviennent des bastonnades qu'ils ont reçues et des piqûres qu'on leur a faites? Ils s'en souviendront bien davantage s'ils veulent relire les *Critiques et croquis* que M. Eugène Veuillot tient toujours complaisamment à leur disposition......

Anatole Posson.

...On reste étonné, en parcourant les *Critiques et croquis*, de la variété de connaissances, de la profondeur et de la diversité des études, de la promptitude d'esprit et de l'aisance de style dont témoignent ces chapitres écrits avec une verve toujours égale et toujours heureuse sur des sujets si opposés. Le livre ne renferme pas moins de trente et une études, dont chacune forme un tout distinct. Ce grand mérite qu'elles ont de se suffire à elles-mêmes, ajoute beaucoup d'intérêt et de charme à la lecture. Chacun de ces petits morceaux peut être goûté séparément. Il a un commencement, un milieu, une fin, et comme il devait arriver avec l'esprit si éminemment droit et si éminemment pratique de M. Eugène Veuillot, une conclusion intellectuelle qui applique et qui utilise les réflexions par lesquelles on vient de passer. On se trouve ainsi, sous la direction de ce guide si compétent et si éclairé, appelé à faire un retour sur des années récentes et déjà en partie oubliées. Cet examen de conscience n'est pas sans profit, et nous nous trouvons ainsi en mesure d'expliquer par leurs antécédents légitimes beaucoup de faits et beaucoup de caractères contemporains.

Il ne serait pas difficile de donner un exemple de la variété qui règne dans les *Critiques et croquis*, et il suffirait d'ouvrir le livre tout à fait au hasard...

Antonin Rondelet.

LE
COMTE DE CHAMBORD

ET

L'AVEUGLEMENT DE LA FRANCE

Par H. G.

(DES PRINCES DE P.....)

Brochure grand in-8°, **50 c**, *franco*. . **60 c.**

LE
18ᵐᵉ BATAILLON

DE LA

ARDE NATIONALE AUX TRANCHÉES

SOUVENIRS DU SIÉGE DE PARIS

PAR

Auguste ROUSSEL

RÉDACTEUR DE L'UNIVERS

Jolie brochure in-18: **50 c** *franco* . . **60 c.**

www.ingramcontent.com/pod-product-compliance
Lightning Source LLC
Chambersburg PA
CBHW051752050726
47598CB00003B/1438